# NOTICE BIOGRAPHIQUE

SUR

# M. ERNEST-LOUIS LE LASSEUX

Maire de l'Huisserie,

Président du Comice agricole de Laval et de l'Association
des Agriculteurs de la Mayenne,

Membre du Conseil de la Société des Agriculteurs de France,

Membre du Conseil général de la Mayenne,

Ancien Député à l'Assemblée Nationale, etc., etc.,

Décédé à Laval, le 1ᵉʳ Juin 1878.

LAVAL

IMPRIMERIE CAMILLE BONNIEUX

RUE RENAISE, 46

1878

# NOTICE BIOGRAPHIQUE

SUR

# M. ERNEST-LOUIS LE LASSEUX

Maire de l'Huisserie,
Président du Comice agricole de Laval et de l'Association
des Agriculteurs de la Mayenne,
Membre du Conseil de la Société des Agriculteurs de France.
Membre du Conseil général de la Mayenne,
Ancien Député à l'Assemblée Nationale, etc., etc.,

**Décédé à Laval, le 1er Juin 1878.**

LAVAL

IMPRIMERIE CAMILLE BONNIEUX

RUE RENAISE, 46

1878

# NOTICE

Les journaux de Laval du 22 mai an-
nonçaient que, la veille, M. Le Lasseux
avait été frappé subitement d'une attaque
d'apoplexie sur les promenades de cette
ville. Un mieux sensible se produisit, tout
le monde espérait que le malade serait con-
servé à sa famille et à ses amis ; lui seul ne
se faisait pas d'illusion sur la gravité de
son état ; il demanda et reçut avec la foi du
chrétien les secours de la religion, puis,
trois jours plus tard, il rendit son âme à
Dieu.

M. Ernest-Louis Le Lasseux était né à la
Flèche en 1813 ; il fit ses études classiques
à Précigné d'abord, puis au collége d'An-
gers où il obtint les plus brillants succès.

Il étudia le droit à Paris et vint se fixer à Laval à l'époque de son mariage. Inscrit au barreau de notre ville, il ne tarda pas à y occuper une place des plus honorables à côté de son beau-père, M. Antoine Guédon, ce modèle accompli de l'homme de loi intègre et éclairé.

Il devint membre du Comice agricole dès le moment de sa fondation, et prit une part active à ses travaux, notamment lorsque le Comice entreprit de coordonner et de réunir en un Recueil les usages ruraux de l'arrondissement de Laval.

C'était une œuvre difficile, car plusieurs communes avaient des coutumes différentes; les droits respectifs des cultivateurs et des propriétaires étaient souvent incertains; on n'était bien fixé ni sur les assolements, ni sur le mode de culture le mieux approprié à notre contrée : il fallut des recherches prolongées, des discussions nombreuses pour formuler des règles précises et rédiger ce petit livre qui a fait disparaître tant de causes de contestations, qui a renfermé dans de justes limites l'étendue des emblavures, et qui est devenu un puissant instrument de progrès agricole pour notre pays : Les connaissances juridiques, l'esprit d'observation de M. Le Lasseux furent souvent mis en lumière pendant ce long travail. Aussi fut-il appelé à faire partie de la commission centrale instituée en 1855 par M. le Préfet de la Mayenne pour opérer la révision du projet arrêté par le Comice, et il contribua ainsi à donner à ce Recueil des Usages l'autorité dont il jouit dans tout l'arrondissement de Laval.

L'aptitude remarquable qu'il montrait à saisir les difficultés des questions agricoles avait attiré sur lui l'attention de ses collègues : Ils le nommèrent en 1862 vice-président, et en 1864 président du Comice après la mort de M. Collet-Chouanière.

Depuis cette époque chacun des concours fut pour lui l'occasion d'adresser aux cultivateurs de courtes allocutions qui, sous une forme toujours élégante, renfermaient les plus utiles conseils.

Il était surtout frappé du tort causé à l'agriculture par l'absence d'une représentation régulière, ayant autorité pour parler en son nom, en face de l'Industrie dont les chambres de commerce, librement élues, pouvaient signaler les souffrances et défendre les intérêts. Selon lui il y avait sous ce rapport dans notre législation une lacune regrettable qu'il était urgent de combler par les efforts de l'initiative individuelle.

Aussi, lorsqu'à la suite de l'Exposition universelle de 1867 , quelques hommes éminents résolurent de tirer l'agriculture de l'oubli et du silence auxquels on semblait vouloir la condamner, M. Le Lasseux fut un des premiers à répondre à leur appel, et dès l'année suivante, dans ce congrès où se réunirent pour la première fois les agriculteurs venus de tous les points du pays, il eut l'honneur d'être élu Membre du conseil de cette grande Société qui prit et se montra digne de porter le nom de Société des Agriculteurs de France : chaque année il fut réélu aux mêmes fonctions jusqu'à sa mort.

Dans une sphère plus restreinte, il pensa qu'il serait utile d'établir un lien entre les divers Comices du département afin de combiner leurs efforts et de les rendre plus efficaces pour la défense des intérêts agricoles ; cette idée fut accueillie avec faveur, les délégués de tous les Comices se réunirent à Laval en 1868 et fondèrent l'Association libre des Agriculteurs de la Mayenne. La présidence fut confiée et depuis toujours maintenue à M. Le Lasseux.

Personne n'était plus apte que lui à réunir les hommes que la diversité des opinions politiques avait tenus éloignés les uns des autres, et à les rapprocher en leur montrant la communauté de leurs intérêts. S'il recherchait avec tant de soin la meilleure solution des questions si variées de l'économie rurale, c'est qu'elles lui semblaient fournir le terrain le plus favorable pour opérer ces rapprochements non moins utiles à la défense des grands principes sociaux qu'au développement de la richesse nationale : Son dévouement à l'agriculture, l'influence qu'il exerçait sur ses collègues avaient pour cause son ardent patriotisme.

Il en donna la preuve dans les diverses fonctions publiques qui lui furent confiées : nommé maire de la commune de l'Huisserie en 1845, il y montra pendant trente-trois ans les qualités d'un administrateur actif et habile ; sans augmenter les charges des contribuables il créa de nouvelles voies de communication, améliora les anciennes, construisit une maison d'école etc., etc., et sut toujours maintenir l'ordre le plus parfait dans cette nombreuse agglomération d'ouvriers auxquels il avait inspiré le respect de son autorité.

En 1861, un grand nombre d'électeurs du canton de Grez-en-Bouère l'invitèrent à poser sa candidature au conseil général : l'indépendance de caractère de M. Le Lasseux, la libre allure de son esprit ne pouvaient plaire au gouvernement de cette époque; l'administration, si puissante alors, employa contre lui toute son influence : néanmoins il fut élu à une majorité considérable.

Les rares qualités de son intelligence, son goût pour l'étude des questions administratives lui donnèrent une autorité particulière dans l'assemblée départementale. Il s'en servit pour hâter l'adoption de projets utiles : l'achèvement de la canalisation de la Mayenne, la construction de plusieurs ponts et de la double ligne de chemin de fer qui parcourt le sud du département sont dûs pour une grande part à ses efforts persévérants pendant plusieurs années.

Mais en 1870 son rôle prit une importance nouvelle.

Tandis que son plus jeune fils se distinguait parmi les plus braves officiers de l'armée de la Loire, il montra lui-même un égal courage en défendant au sein du conseil général la cause du bon sens et du vrai patriotisme. A cette époque troublée, lorsque les esprits, affolés par les désastres de la guerre, passaient successivement du découragement aux espérances les plus chimériques, il ne manquait pas d'hommes de cœur prêts à agir, mais combien peu savaient discerner ce qu'il était utile de faire dans l'intérêt de la patrie ? combien peu surtout osaient le dire au risque de froisser l'opinion publique si impressionnable pendant une telle crise ?

Les propositions les plus insensées trouvaient des approbateurs; on parlait de renouveler la légende des volontaires de 1792; il suffirait, disait-on, de décréter la levée en masse pour triompher des canons rayés et de la savante tactique des armées allemandes. Le délégué du gouvernement de Paris, envoyé à Laval à la suite de la révolution du 4 Septembre, soutenait sérieusement des projets étranges : « Le département de la « Mayenne, répétait-il, peut fournir cin- « quante mille soldats ; il me faut cinq « millions pour les armer et les mettre en « campagne ! »

Quand cette demande fut présentée au conseil général, M. Le Lasseux la combattit avec la plus grande énergie : il démontra qu'il était impossible de réaliser aucun emprunt ; que le seul moyen d'arriver à un résultat utile était de consacrer à la défense nationale toutes les ressources du département actuellement disponibles : Séance tenante, une commission fut nommée pour en déterminer le chiffre ; M. Le Lasseux fut élu rapporteur et le lendemain, conformément à ses conclusions, le conseil décida que trois cent vingt mille francs, destinés à divers services départementaux et non encore dépensés, seraient mis à la disposition du Comité de défense qui en déterminerait l'emploi.

Le nouveau gouvernement avait réuni les conseils généraux pour obtenir les fonds dont il avait besoin ; il voulut bientôt se soustraire à un contrôle gênant ; la dissolution de ces conseils, d'abord annoncée, puis démentie, fut officiellement connue à Laval au commencement de janvier 1871.

Aussitôt M. Le Lasseux fit insérer dans le seul journal de Laval qui ait pu alors se soustraire à la direction du préfet, une lettre où il faisait ressortir l'illégalité de cette mesure, puis il ajoutait :

« Les protestations des conseillers de la Sarthe et de Maine-et-Loire, quoique d'un style différent sont identiques au fond ; dès lors il paraît inutile d'en faire une troisième édition dans d'autres termes.

« Peut-être même une protestation unique pour toute la France eut-elle été préférable. Je propose donc à mes collègues de signer une déclaration collective ainsi conçue :

« Les membres du conseil général de la
« Mayenne soussignés, déclarent adhérer
« à la protestation des conseillers géné-
« raux de la Sarthe et de Maine-et-Loire,
« contre le décret du 25 décembre 1870,
« qui dissout les conseils généraux et les
« remplace par des commissions adminis-

« tratives, au lieu de procéder à leur ré-
« élection par le suffrage universel. »

« Simple membre du conseil, je demande
pardon à mes collègues de prendre cette
initiative qui ne m'appartient pas plus qu'à
chacun d'eux ; mais je suis certain qu'ils
m'excuseront en pensant aux graves motifs
d'intérêt public qui me déterminent à cette
démarche. » (1)

Les événements se précipitèrent : Après
la bataille du Mans et la chute de Paris il
fallut enfin réunir les colléges électoraux
déjà deux fois convoqués et deux fois ajour-
nés par le Gouvernement du 4 Septembre.

La résolution, l'énergie dont M. Le
Lasseux avait donné tant de preuves, le
désignaient naturellement aux suffrages du
parti conservateur : Le 8 février 1871, il fut
élu par soixante-deux mille voix Représen-
tant de la Mayenne à l'Assemblée nationale.

---

(1) Voir l'*Indépendant de l'Ouest* du 8 janvier
1871. L'*Echo de la Mayenne* était devenu l'organe
officiel de M. E. Delattre, préfet de la Mayenne, et
avait pris pour titre : *l'Ennemi.*

Le moment n'est pas venu de porter un jugement équitable sur cette Assemblée : Si elle commit des erreurs, l'histoire lui tiendra compte d'avoir su faire face aux difficultés d'une situation terrible, d'avoir mis un terme à la guerre étrangère et à la guerre civile, d'avoir rétabli l'ordre dans les finances et, malgré les charges écrasantes imposées par la défaite, d'avoir laissé le crédit de la France aussi intact, aussi puissant qu'il l'ait été à aucune epoque. M. Le Lasseux, qui s'était associé à cette œuvre réparatrice, avait espéré que l'Assemblée la compléterait en donnant à notre pays une Constitution monarchique.

Cette forme de gouvernement lui semblait seule répondre aux traditions, à l'esprit, aux besoins intérieurs comme à la situation extérieure de la France. Même quand ses espérances furent déçues, quand tant d'autres se montraient incertains et troublés, il resta inébranlable dans ses convictions, il repoussa la loi qui établissait le régime républicain et il s'en expliquait ainsi, quelques mois plus tard, dans une circulaire adressée aux électeurs de l'arrondissement de Château-Gontier :

« Il était manifeste, leur disait-il, que
« vous ne m'aviez pas choisi en 1871 pour
« faire la République ; aussi, fidèle à mon
« mandat, j'ai refusé de la voter au 25 fé-
« vrier 1875.

« Je n'entends pas pour cela me révolter
« contre la décision de la majorité qui est
« devenue la loi actuelle du pays.

« A ce titre je la respecterai, j'en ferai
« l'essai sincèrement, en approuvant tout
« ce que je trouverai bien, en désapprou-
« vant tout ce qui blessera ma conscience
« ou ma raison. »

Après ce vote qui brisa l'ancienne majorité de l'Assemblée, il fut de ceux qui, sans
un jour de défaillance, luttèrent jusqu'à la
fin pour donner aux grands intérêts sociaux
autant de sécurité que peut le permettre
une Constitution républicaine. Il pensait
que, sous un tel régime, où les partis les
plus extrêmes peuvent devenir légalement
les maîtres du pouvoir, il est plus néces-
saire que sous tout autre de défendre par
des lois précises, le gouvernement contre
les coups de main, la religion contre l'in-
tolérance : Il vota la loi fixant à Versailles

le siége des deux Chambres et du Président
de la République, celle sur la liberté de
l'enseignement supérieur et tout cet en-
semble de mesures qui fut comme l'effort
suprême du parti conservateur.

Au mois de février 1876, beaucoup d'électeurs de l'arrondissement de Château-Gontier voulaient l'envoyer siéger de nouveau
à la Chambre des députés; c'est alors qu'il
leur adressa cette circulaire dont nous
venons de citer quelques extraits; son élection semblait assurée, mais il crut qu'un
autre candidat, plus jeune, aurait plus de
chances de triompher d'une coalition for-
mée par d'anciens impérialistes avec la
fraction avancée du parti républicain ; il se
retira et employa toute son influence en
faveur de M. Ancel qui fut élu. Cet acte
d'abnégation augmenta encore l'estime
qu'il inspirait à tous les conservateurs, et
reste comme preuve de son désintéresse-
ment et de son patriotisme.

Nous ne pouvons, ⸢dans cette rapide es-
quisse, rappeler tous les services rendus
par M. Le Lasseux : Il laisse à tous ceux
qui l'ont connu, et particulièrement aux
habitants de cette commune de l'Huisserie,

dont il fut maire pendant trente-trois ans, le souvenir d'un homme de bien, obligeant, charitable, profondément dévoué à son pays.

Puissent les témoignages de la sympathie publique apporter quelqu'adoucissement à la douleur d'une famille que ce coup inattendu est venu frapper d'une manière si cruelle, au moment même où son bonheur semblait le mieux assuré !

X.